Impressum
Verlag: BABADADA GmbH, Nedderfeld 112 , 22529 Hamburg
Geschäftsführer / Verlagsleitung: Harald Hof
Druck: Books on Demand GmbH, In de Tarpen 42, 22848 Norderstedt

Imprint
Publisher: BABADADA GmbH, Nedderfeld 112 , 22529 Hamburg, Germany
Managing Director / Publishing direction: Harald Hof
Print: Books on Demand GmbH, In de Tarpen 42, 22848 Norderstedt

Šola
school

Razred
classroom

Deljenje
divide

186/2

Tabla
board

Šolsko dvorišče
school yard

Učitelj
teacher

Papir
paper

Pisati
write

Pisalo
pen

Pisalna miza
desk

Ravnilo
ruler

Knjiga
book

Učenec
pupil

Šolska torba

satchel

Peresnica

pencil case

Svinčnik

pencil

Šilček

pencil sharpener

Radirka

rubber

Risalni blok

drawing pad

Risba

drawing

Čopič

paintbrush

Vodene barvice

paint box

Škarje

scissors

Lepilo

glue

Zvezek

exercise book

Domača naloga

homework

Število

number

2+2

Seštevanje

add

5-2

Odštevanje

subtract

Množenje

multiply

Računanje

calculate

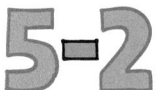

Črka

letter

ABCDEFG
HIJKLMN
OPQRSTU
VWXYZ

Abeceda

alphabet

Beseda

word

Besedilo

text

Brati

read

Kreda

chalk

Učna ura

lesson

Redovalnica

register

Preizkus znanja

exam

Spričevalo

certificate

Šolska uniforma

school uniform

Izobrazba

education

Enciklopedija

encyclopedia

Univerza

university

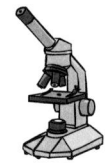

Mikroskop

microscope

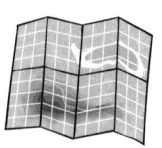

Zemljevid

map

Koš za smeti

waste-paper basket

Hotel
hotel

Grand

Hostel
hostel

ROOMS

Menjalnica
bureau de change

EXCHANGE

Kovček
suitcase

Avtomobil
car

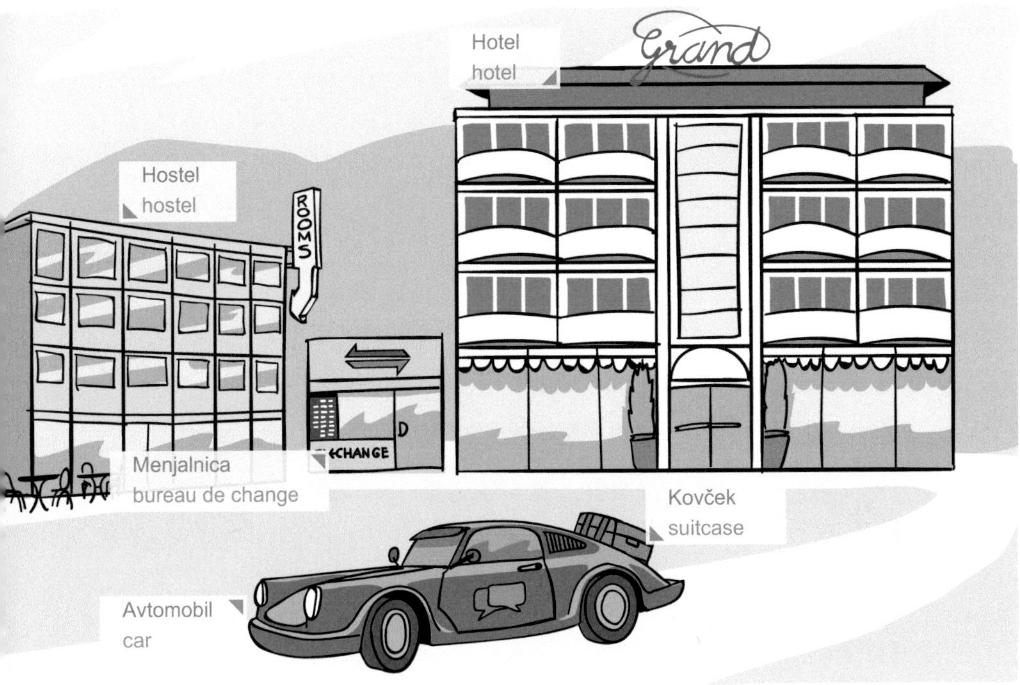

Jezik

language

da / ne

yes / no

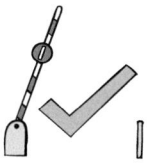

Prav

Okay

Pozdravljeni

hello

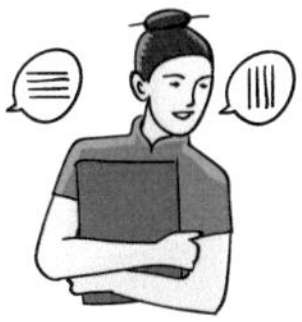

Prevajalec

translator

Hvala

Thank you

Koliko stane…?

how much is…?

Ne razumem

I do not understand

Težava

problem

Dober večer!

Good evening!

Dobro jutro!

Good morning!

Lahko noč!

Good night!

Nasvidenje

bye bye

Smer

direction

Prtljaga

luggage

Torba

bag

Nahrbtnik

backpack

Gost

guest

Soba

room

Spalna vreča

sleeping bag

Šotor

tent

Turistične informacije

tourist information

Plaža

beach

Kreditna kartica

credit card

Zajtrk

breakfast

Kosilo

lunch

Večerja

dinner

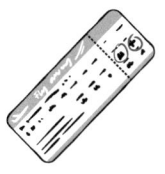

Vozovnica

ticket

Dvigalo

lift

Znamka

stamp

Meja

border

Carina

customs

Veleposlaništvo

embassy

Vizum

visa

Potni list

passport

Prevoz

transport

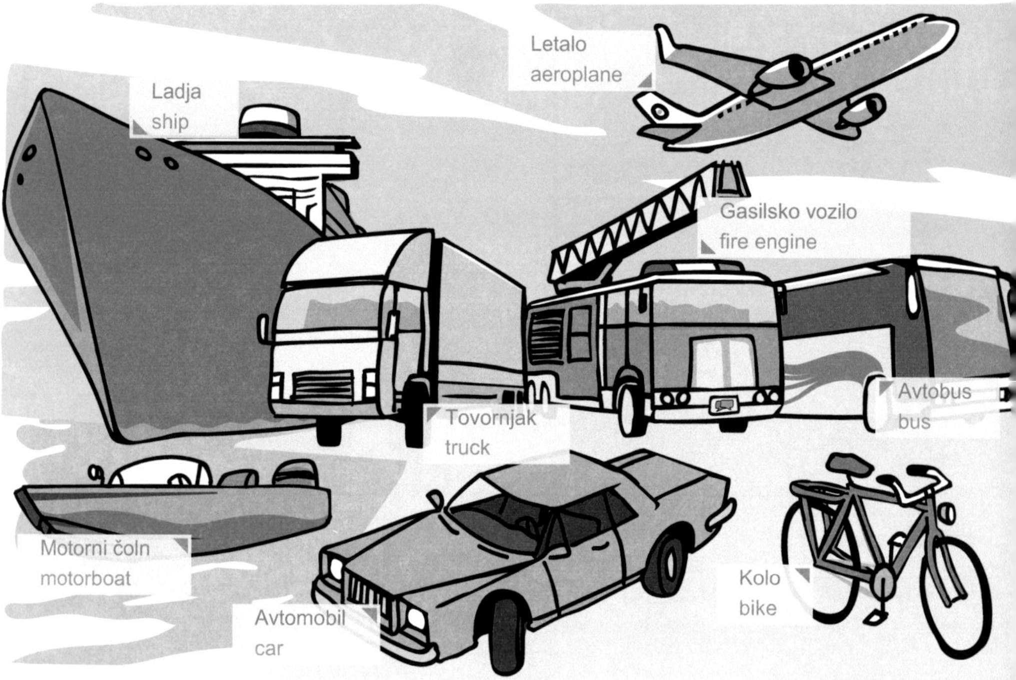
Letalo
aeroplane
Ladja
ship
Gasilsko vozilo
fire engine
Avtobus
bus
Tovornjak
truck
Motorni čoln
motorboat
Kolo
bike
Avtomobil
car

Trajekt

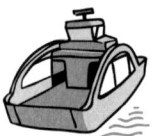

ferry

Čoln

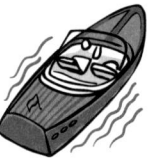

boat

Motorno kolo

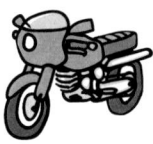

motorbike

Policijski avto

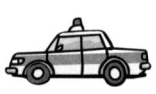

police car

Dirkalni avto

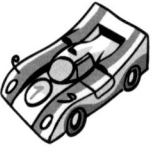

racing car

Najeto vozilo

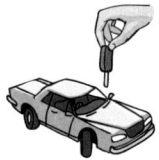

rental car

Souporaba avtomobila

car sharing

Avtovleka

breakdown truck

Smetarsko vozilo

refuse truck

Motor

motor

Gorivo

fuel

Bencinska postaja

petrol station

Prometni znak

traffic sign

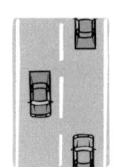

Promet

traffic

Zastoj

traffic jam

Parkirišče

car park

Železniška postaja

train station

Tirnice

tracks

Vlak

train

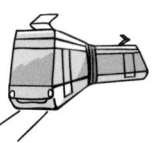

Tramvaj

tram

Vagon

carriage

Helikopter

helicopter

Letališče

airport

Stolp

tower

Potnik

passenger

Kontejner

container

Karton

carton

Voziček

cart

Košara

basket

vzleteti / pristati

take off / land

Mesto
city

Vas

village

Mestno jedro

city centre

Hiša

house

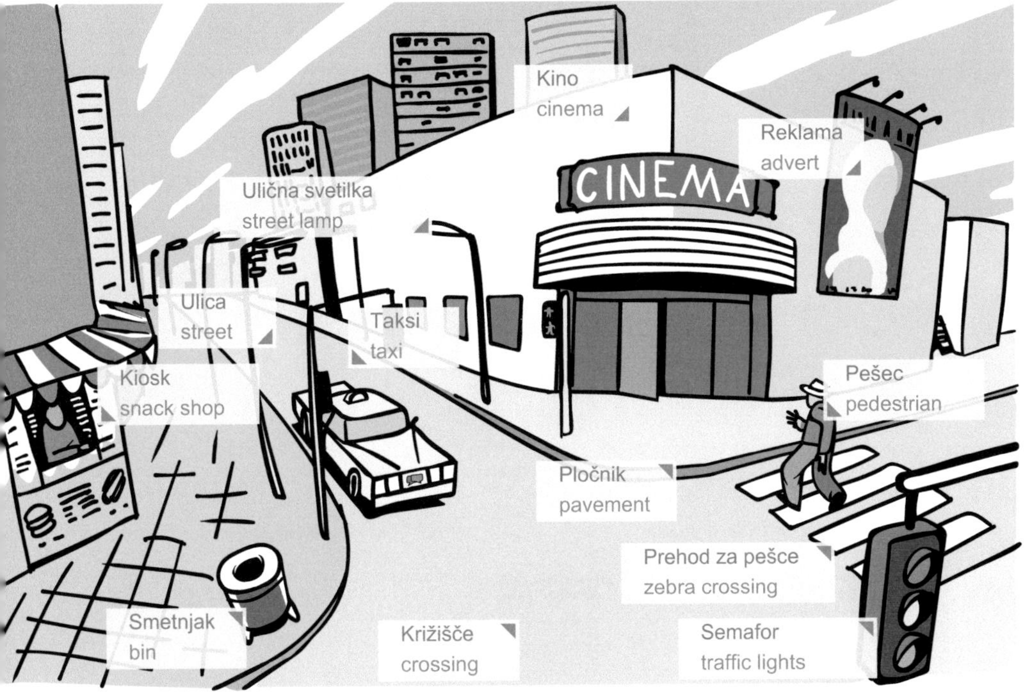

Kino
cinema

Reklama
advert

Ulična svetilka
street lamp

CINEMA

Ulica
street

Taksi
taxi

Pešec
pedestrian

Kiosk
snack shop

Pločnik
pavement

Prehod za pešce
zebra crossing

Smetnjak
bin

Križišče
crossing

Semafor
traffic lights

Koča

hut

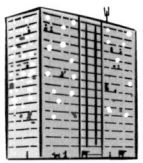

Stanovanje

flat

Železniška postaja

train station

Mestna hiša

town hall

Muzej

museum

Šola

school

Mesto - city

Univerza

university

Banka

bank

Bolnišnica

hospital

Hotel

hotel

Lekarna

pharmacy

Pisarna

office

Knjigarna

book shop

Trgovina

shop

Cvetličarna

florist's

Supermarket

supermarket

Tržnica

market

Veleblagovnica

department store

Ribarnica

fishmonger's

Nakupovalno središče

shopping centre

Pristanišče

harbour

Park

park

Klop

bench

Most

bridge

Stopnice

stairs

Podzemna železnica

underground

Predor

tunnel

Avtobusno postajališče

bus stop

Bar

bar

Restavracija

restaurant

Poštni nabiralnik

postbox

Ulična tabla

street sign

Parkirna ura

parking meter

Živalski vrt

zoo

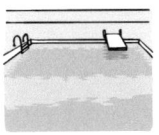

Kopališče

swimming pool

Mošeja

mosque

Mesto - city

Kmetija

farm

Onesnaževanje

pollution

Pokopališče

graveyard

Cerkev

church

Otroško igrišče

playground

Tempelj

temple

Pokrajina

landscape

List
leaf

Kažipot
signpost

Pot
way

Travnik
meadow

Kamen
stone

Drevo
tree

Pohodnik
hiker

Reka
river

Trava
grass

Cvetlica
flower

Dolina

valley

Hrib

hill

Jezero

lake

Gozd

forest

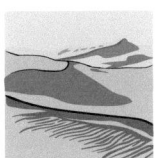

Puščava

desert

Vulkan

volcano

Grad

castle

Mavrica

rainbow

Goba

mushroom

Palma

palm tree

Komar

mosquito

Muha

fly

Mravlja

ant

Čebela

bee

Pajek

spider

Hrošč

beetle

Žaba

frog

Veverica

squirrel

Jež

hedgehog

Zajec

hare

Sova

owl

Ptič

bird

Labod

swan

Divji prašič

boar

Jelen

deer

Los

moose

Jez

dam

Vetrnica

wind turbine

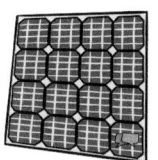

Solarna plošča

solar panel

Podnebje

climate

Restavracija
restaurant

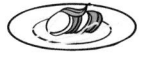

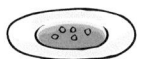

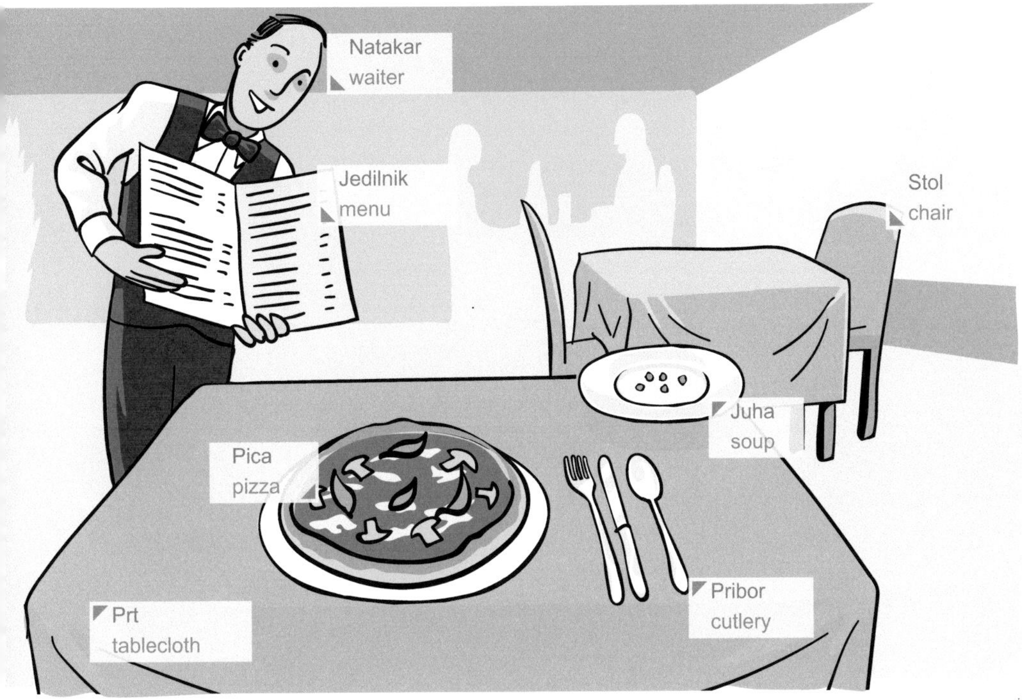

Natakar
waiter
Jedilnik
menu
Stol
chair
Juha
soup
Pica
pizza
Pribor
cutlery
Prt
tablecloth

Predjed

starter

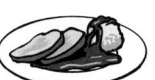

Glavna jed

main course

Sladica

dessert

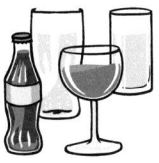

Pijače

drinks

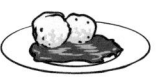

Hrana

food

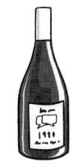

Steklenica

bottle

Hitra hrana

fast food

Ulična hrana

street food

Čajnik

teapot

Sladkornica

sugar bowl

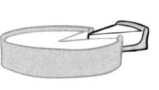

Porcija

portion

Aparat za espresso

espresso machine

Stolček za hranjenje

high chair

Račun

bill

Pladenj

tray

Nož

knife

Vilica

fork

Žlica

spoon

Čajna žlička

teaspoon

Servieta

serviette

Kozarec

glass

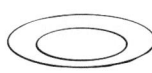

Krožnik

plate

Globoki krožnik

soup plate

Krožniček

saucer

Omaka

sauce

Solnica

salt pot

Mlinček za poper

pepper mill

Kis

vinegar

Olje

oil

Začimbe

spices

Kečap

ketchup

Gorčica

mustard

Majoneza

mayonnaise

Supermarket
supermarket

Posebna ponudba
special offer
FOR
Stranka
customer
Mlečni izdelki
dairy
Sadje
fruit
Nakupovalni voziček
trolley

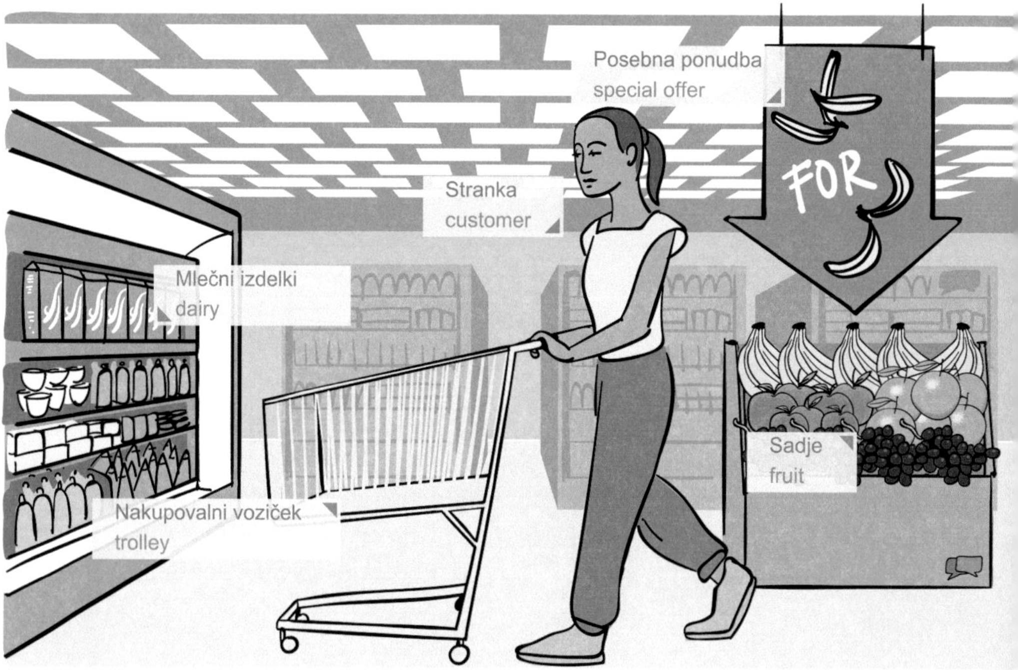

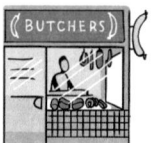

BUTCHERS

Mesnica

butcher´s

BAKERY

Pekarna

baker´s

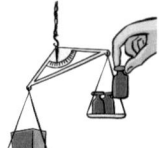

Tehtati

weigh

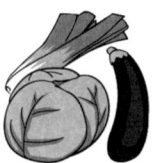

Zelenjava

vegetables

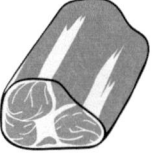

Meso

meat

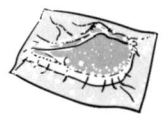

Zamrznjena hrana

frozen food

Hladne mesnine

cold meat

Konzerve

tinned food

Pralni prašek

washing powder

Sladkarije

sweets

Gospodinjski izdelki

household products

Čistilno sredstvo

cleaning products

Prodajalka

salesperson

Blagajna

till

Blagajnik

cashier

Nakupovalni seznam

shopping list

Delovni čas

opening hours

Denarnica

wallet

Kreditna kartica

credit card

Torba

bag

Plastična vrečka

plastic bag

Voda

water

Sok

juice

Mleko

milk

Kola

coke

Vino

wine

Pivo

beer

Alkohol

alcohol

Kakav

cocoa

Čaj

tea

Kava

coffee

Espresso

espresso

Kapučino

cappuccino

Banana

banana

Jabolko

apple

Pomaranča

orange

Lubenica

melon

Limona

lemon

Korenje

carrot

Česen

garlic

Bambus

bamboo

Čebula

onion

Goba

mushroom

Oreščki

nuts

Rezanci

noodles

Špageti

spaghetti

Riž

rice

Solata

salad

Ocvrt krompirček

chips

Pečen krompir

fried potatoes

Pica

pizza

Hamburger

hamburger

Sendvič

sandwich

Zrezek

cutlet

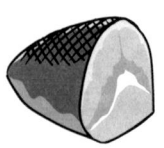

Šunka

ham

Salama

salami

Klobasa

sausage

Piščanec

chicken

Pečenka

roast

Riba

fish

Ovseni kosmiči

porridge oats

Musli

muesli

Koruzni kosmiči

cornflakes

Moka

flour

Rogljiček

croissant

Žemlja

bread roll

Kruh

bread

Prepečenec

toast

Piškoti

biscuits

Maslo

butter

Skuta

curd

Torta

cake

Jajce

egg

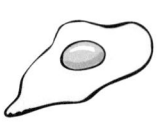

Pečeno jajce na oko

fried egg

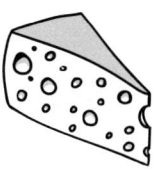

Sir

cheese

Sladoled

ice cream

Sladkor

sugar

Med

honey

Marmelada

jam

Čokoladni namaz

chocolate spread

Kari

curry

Kmetija
farm

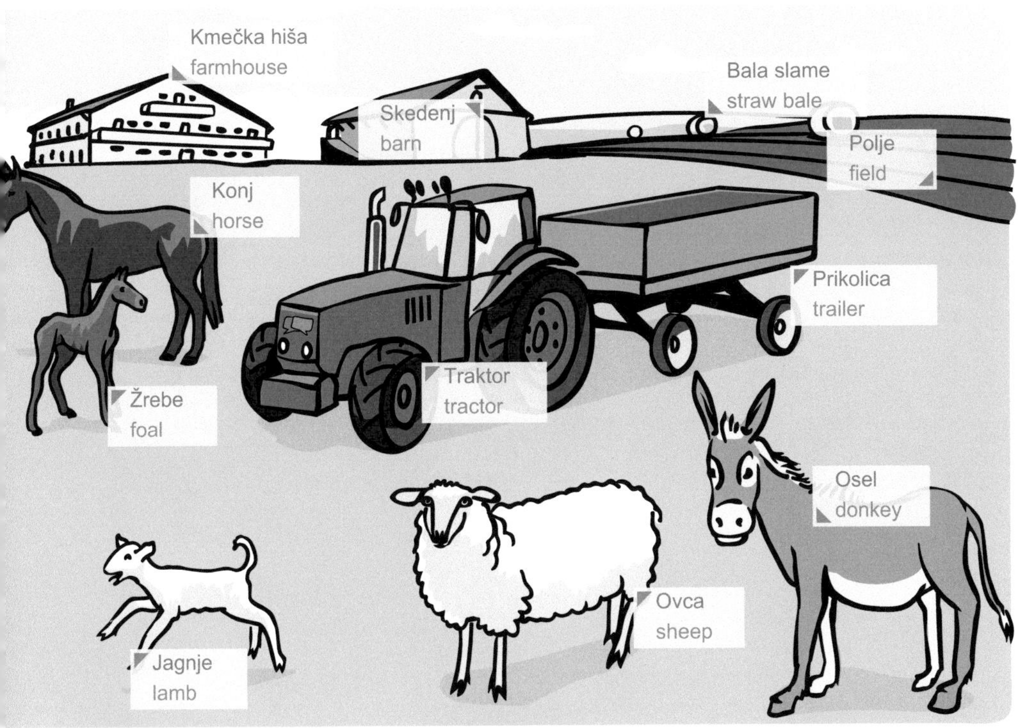
Kmečka hiša
farmhouse
Bala slame
straw bale
Skedenj
barn
Polje
field
Konj
horse
Prikolica
trailer
Traktor
tractor
Žrebe
foal
Osel
donkey
Ovca
sheep
Jagnje
lamb

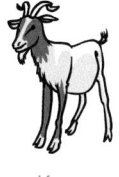

Koza

goat

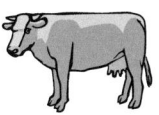

Krava

cow

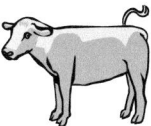

Tele

calf

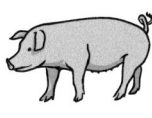

Prašič

pig

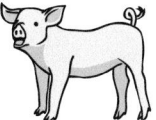

Pujsek

piglet

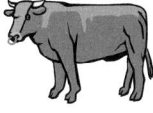

Bik

bull

Gos

goose

Raca

duck

Piščanec

chick

Kokoš

hen

Petelin

cock

Podgana

rat

Mačka

cat

Miš

mouse

Vol

ox

Pes

dog

Pasja uta

doghouse

Cev za zalivanje

garden hose

Kangla za zalivanje

watering can

Kosa

scythe

Plug

plough

Srp

sickle

Motika

hoe

Vile

pitchfork

Sekira

axe

Samokolnica

wheelbarrow

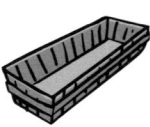

Korito

trough

Kangla za mleko

milk can

Vreča

sack

Ograja

fence

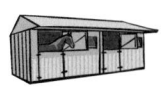

Hlev

stable

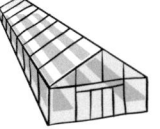

Rastlinjak

greenhouse

Prst

soil

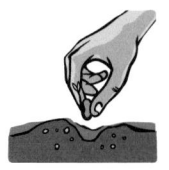

Seme

seed

Gnojilo

fertilizer

Kombajn

combine harvester

Žeti

harvest

Žetev

harvest

Jam

yams

Pšenica

wheat

Soja

soy

Krompir

potato

Koruza

corn

Oljna ogrščica

rapeseed

Sadno drevo

fruit tree

Maniok

cassava

Žito

cereals

Hiša
house

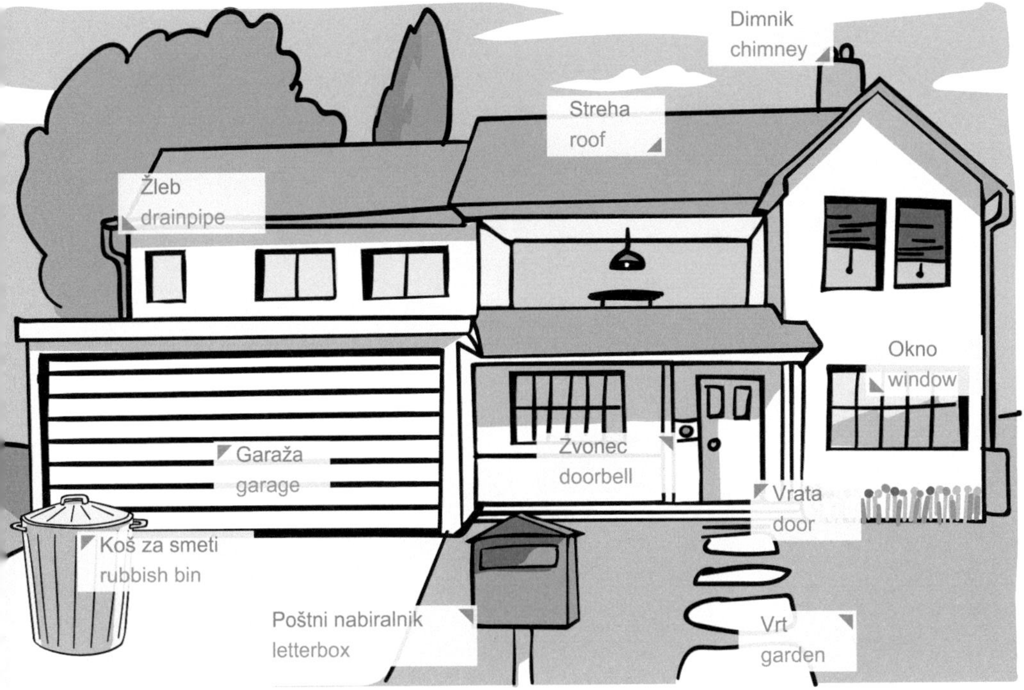
Dimnik
chimney
Streha
roof
Žleb
drainpipe
Okno
window
Garaža
garage
Zvonec
doorbell
Vrata
door
Koš za smeti
rubbish bin
Poštni nabiralnik
letterbox
Vrt
garden

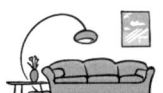

Dnevna soba

living room

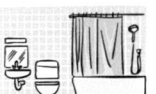

Kopalnica

bathroom

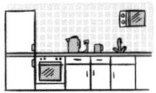

Kuhinja

kitchen

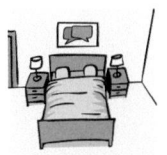

Spalnica

bedroom

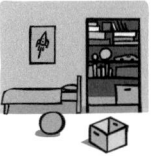

Otroška soba

child's room

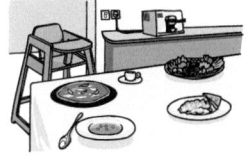

Jedilnica

dining room

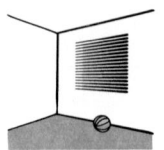

Tla

floor

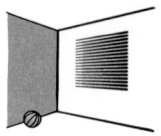

Stena

wall

Strop

ceiling

Klet

cellar

Savna

sauna

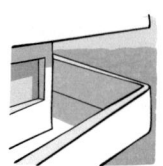

Balkon

balcony

Terasa

terrace

Bazen

pool

Kosilnica

lawn mower

Rjuha

sheet

Posteljno pregrinjalo

bedspread

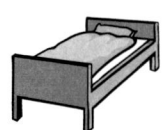

Postelja

bed

Metla

broom

Vedro

bucket

Stikalo

switch

Dnevna soba
living room

Tapeta
wallpaper
Slika
picture
Svetilka
lamp
Polica
shelf
Omara
cupboard
Televizor
television
Kamin
fireplace
Cvetlica
flower
Blazina
cushion
Zofa
sofa
Vaza
vase
Daljinski upravljalnik
remote control

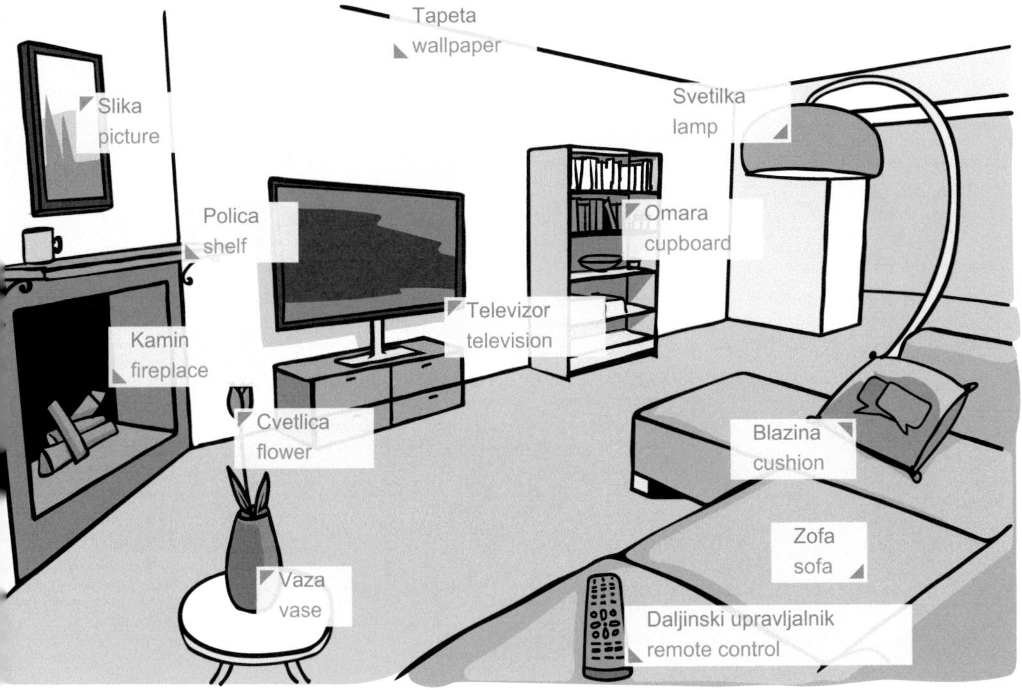

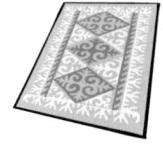

Preproga

carpet

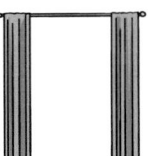

Zavesa

curtain

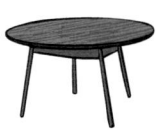

Miza

table

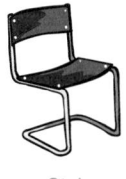

Stol

chair

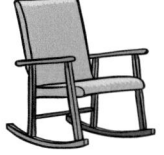

Gugalnik

rocking chair

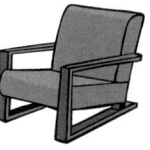

Naslanjač

armchair

Knjiga

book

Odeja

blanket

Dekoracija

decoration

Drva

firewood

Film

film

Glasbeni stolp

hi-fi equipment

Ključ

key

Časopis

newspaper

Slika

painting

Plakat

poster

Radio

radio

Beležka

notepad

Sesalnik

hoover

Kaktus

cactus

Sveča

candle

Kuhinja
kitchen

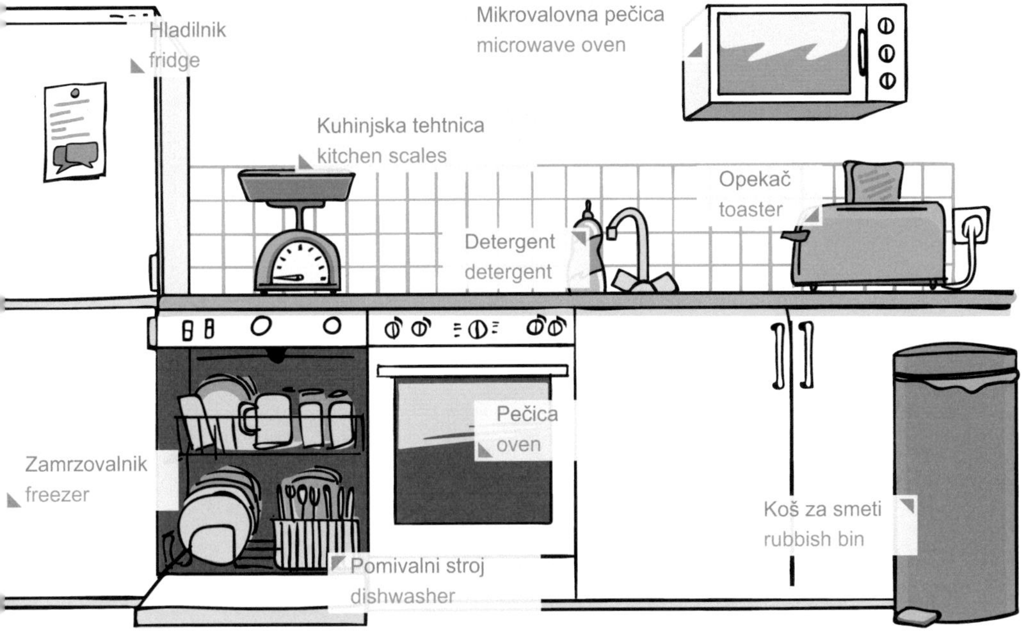

Hladilnik
fridge
Mikrovalovna pečica
microwave oven
Kuhinjska tehtnica
kitchen scales
Opekač
toaster
Detergent
detergent
Pečica
oven
Zamrzovalnik
freezer
Koš za smeti
rubbish bin
Pomivalni stroj
dishwasher

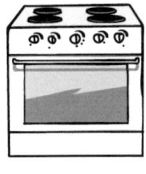

Kozica

cooker

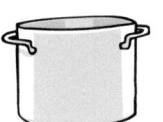

Lonec

pot

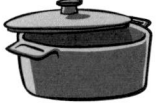

Litoželezni lonec

cast-iron pot

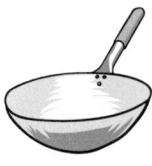

Vok / kadai

wok / kadai

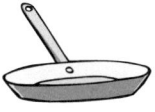

Ponev

pan

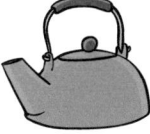

Kotliček

kettle

Parni kuhalnik

steamer

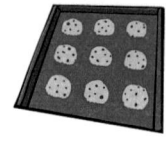

Pekač

baking tray

Posoda

crockery

Skodelica

mug

Skleda

bowl

Jedilne paličice

chopsticks

Zajemalka

ladle

Lopatica

spatula

Metlica

whisk

Cedilnik

strainer

Cedilo

sieve

Strgalo

grater

Možnar

mortar

Žar

barbecue

Ognjišče

open fire

Deska za rezanje

chopping board

Valjar

rolling pin

Odpirač za steklenice

corkscrew

Pločevinka

can

Odpirač za konzerve

can opener

Prijemalka za posodo

pot holder

Korito

sink

Ščetka

brush

Goba

sponge

Mešalnik

blender

Zamrzovalna skrinja

deep freezer

Steklenička

baby bottle

Pipa

tap

Kuhinja - kitchen

Kopalnica

bathroom

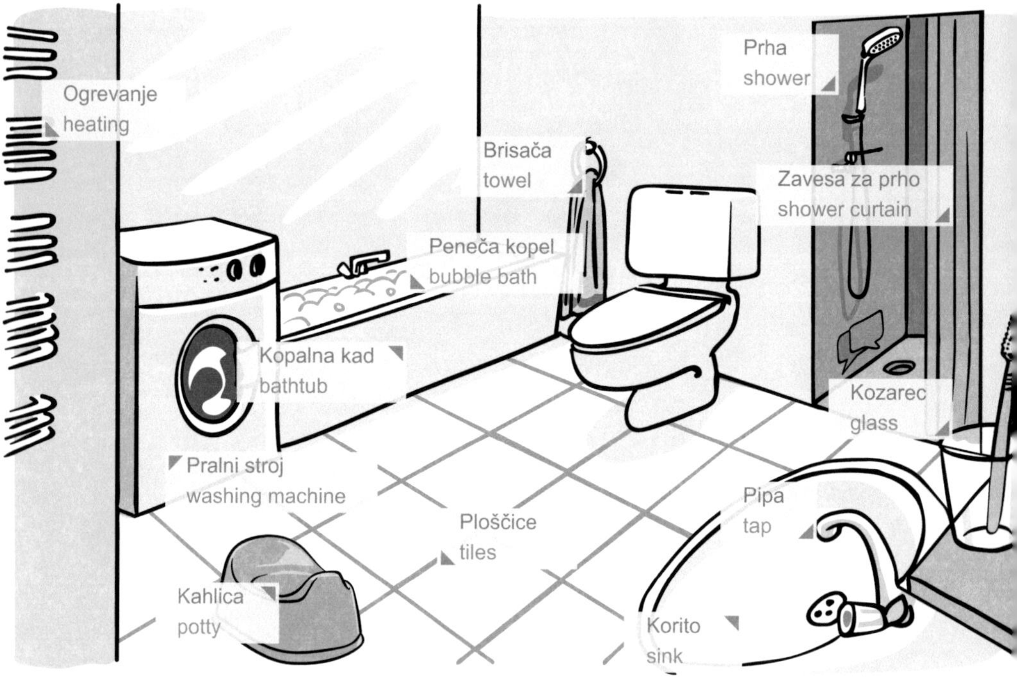
Ogrevanje
heating
Prha
shower
Brisača
towel
Zavesa za prho
shower curtain
Peneča kopel
bubble bath
Kopalna kad
bathtub
Kozarec
glass
Pralni stroj
washing machine
Pipa
tap
Ploščice
tiles
Kahlica
potty
Korito
sink

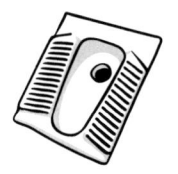

Stranišče

toilet

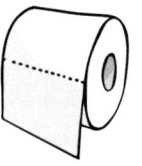

Stranišče na počep

squat toilet

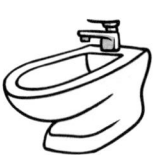

Bide

bidet

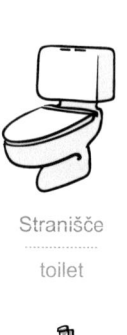

Pisoar

urinal

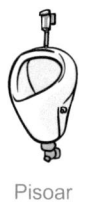

Toaletni papir

toilet paper

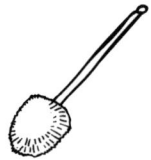

Ščetka za straniščno školjko

toilet brush

Zobna ščetka

toothbrush

Zobna pasta

toothpaste

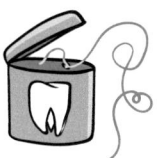

Zobna nitka

dental floss

Umiti se

wash

Ročna prha

handheld shower

Prha za intimne dele

douche

Umivalnik

basin

Krtača za hrbet

back brush

Milo

soap

Gel za prhanje

shower gel

Šampon

shampoo

Krpica za miljenje

flannel

Odtok

drain

Krema

cream

Deodorant

deodorant

Ogledalo

mirror

Ročno ogledalo

hand mirror

Britvica

razor

Pena za britje

shaving foam

Vodica po britju

aftershave

Glavnik

comb

Ščetka

brush

Sušilnik za lase

hair dryer

Lak za lase

hairspray

Ličila

makeup

Šminka

lipstick

Lak za nohte

nail varnish

Vatirane blazinice

cotton wool

Škarjice za nohte

nail scissors

Parfum

perfume

Toaletna torbica

washbag

Stol brez naslonjala

stool

Osebna tehtnica

weighing scale

Kopalni plašč

bathrobe

Gumijaste rokavice

rubber gloves

Tampon

tampon

Damski vložki

sanitary towel

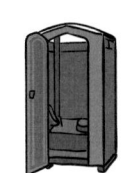

Kemično stranišče

chemical toilet

Otroška soba
child's room

Budilka
alarm clock
Plišasta igrača
cuddly toy
Avtomobilček
toy car
Ropotuljica
rattle
Hiška za punčke
doll's house
Darilo
present

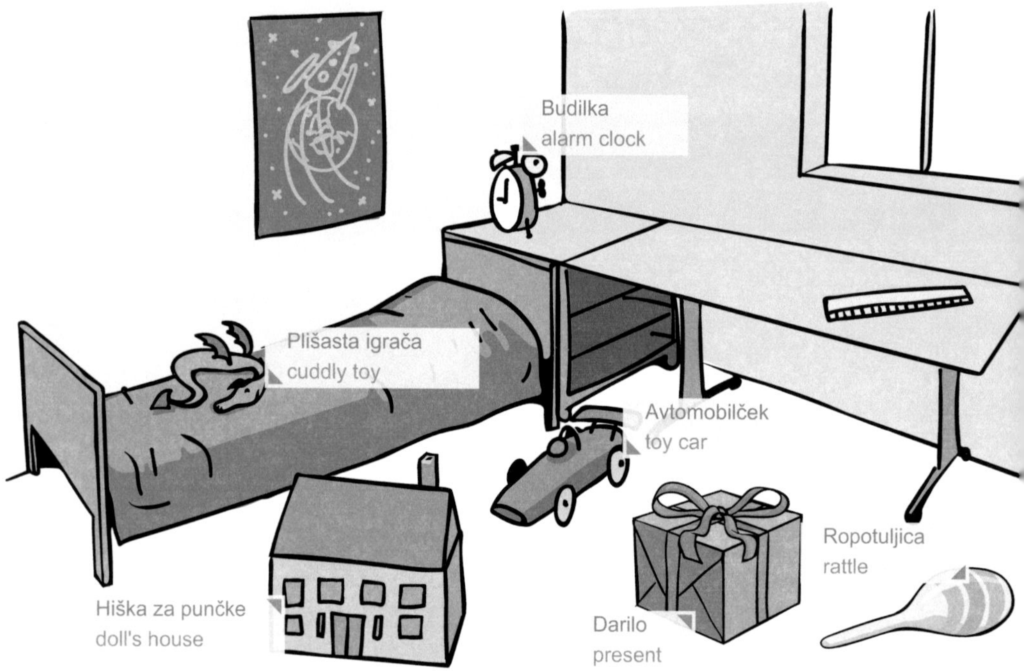

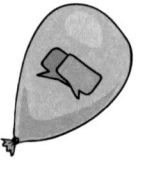

Balon

balloon

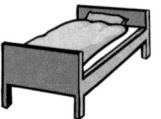

Postelja

bed

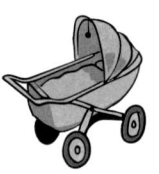

Otroški voziček

pram

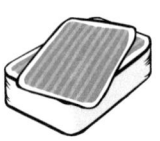

Igralne karte

deck of cards

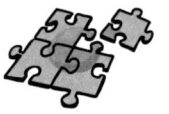

Sestavljanka

jigsaw

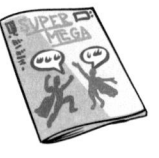

Strip

comic

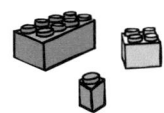

Lego kocke

lego bricks

Igralne kocke

building blocks

Akcijska figura

action figure

Bodi

babygrow

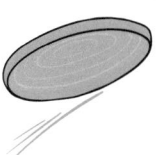

Frizbi

frisbee

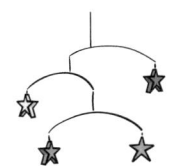

Vrtiljak za posteljico

mobile

Namizna igra

board game

Kocka

dice

Komplet modelov vlakov

model train set

Duda

dummy

Zabava

party

Slikanica

picture book

Žoga

ball

Lutka

doll

Igrati se

play

Peskovnik

sandpit

Gugalnica

swing

Igrače

toys

Igralna konzola

video game console

Tricikel

tricycle

Plišasti medvedek

teddy bear

Garderoba

wardrobe

Oblačilo
clothing

Nogavice

socks

Samostoječe nogavice

stockings

Hlačne nogavice

tights

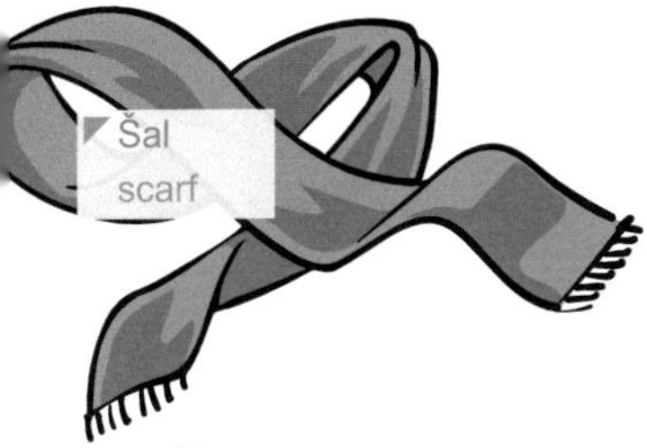

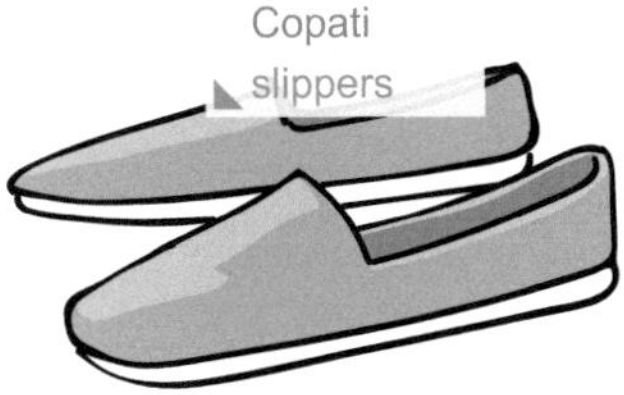

Šal
scarf

Dežnik
umbrella

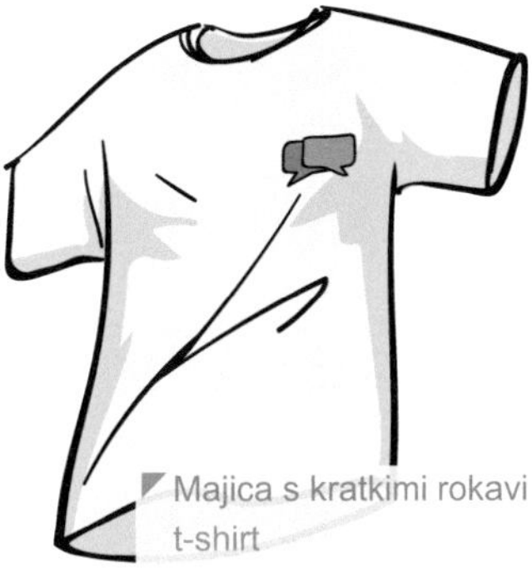

Majica s kratkimi rokavi
t-shirt

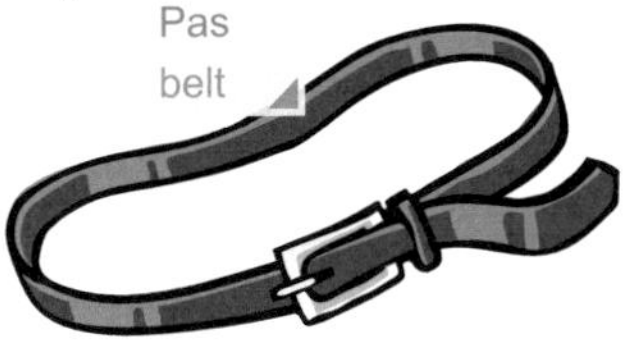

Pas
belt

Škornji
boots

Copati
slippers

Športni copati
trainers

Sandali
sandals

Čevlji
shoes

Gumijasti škornji
rubber boots

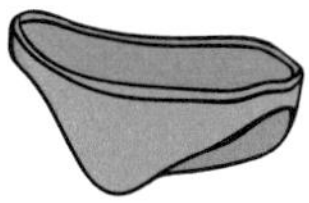

Spodnje hlače
underpants

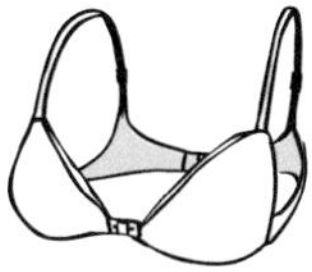

Modrček
bra

Telovnik
vest

Oblačilo - clothing

45

Bodi

body

Hlače

trousers

Kavbojke

jeans

Krilo

skirt

Bluza

blouse

Srajca

shirt

Pulover

pullover

Pletena jopica

hoodie

Jopa

blazer

Jakna

jacket

Plašč

coat

Dežni plašč

raincoat

Kostim

costume

Obleka

dress

Poročna obleka

wedding dress

Obleka

suit

Spalna srajca

nightgown

Pižama

pyjamas

Sari

sari

Naglavna ruta

headscarf

Turban

turban

Burka

burqa

Kaftan

kaftan

Abaja

abaya

Kopalke

swimsuit

Kopalne hlače

trunks

Kratke hlače

shorts

Trenirka

tracksuit

Predpasnik

apron

Rokavice

gloves

Gumb

button

Očala

glasses

Zapestnica

bracelet

Verižica

necklace

Prstan

ring

Uhan

earring

Kapa

cap

Obešalnik

coat hanger

Klobuk

hat

Kravata

tie

Zadrga

zip

Čelada

helmet

Naramnice

braces

Šolska uniforma

school uniform

Uniforma

uniform

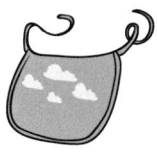

Slinček

bib

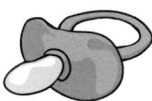

Duda

dummy

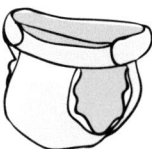

Plenica

nappy

Pisarna
office

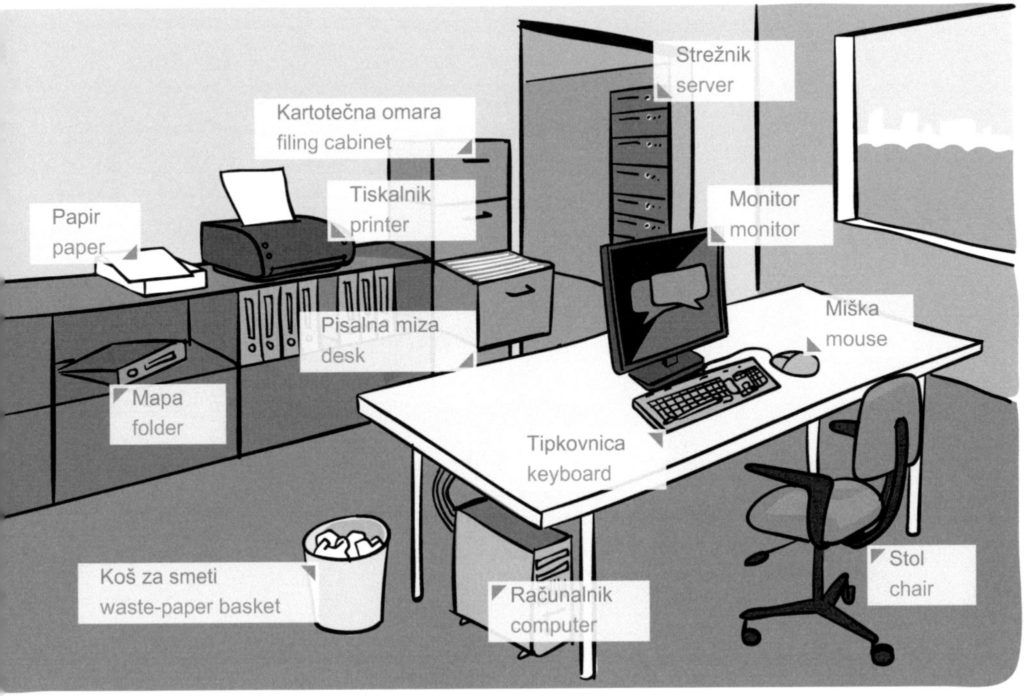
Strežnik
server
Kartotečna omara
filing cabinet
Tiskalnik
printer
Papir
paper
Monitor
monitor
Miška
mouse
Pisalna miza
desk
Mapa
folder
Tipkovnica
keyboard
Koš za smeti
waste-paper basket
Računalnik
computer
Stol
chair

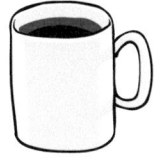

Lonček za kavo

coffee mug

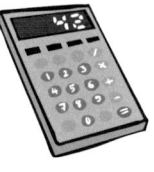

Kalkulator

calculator

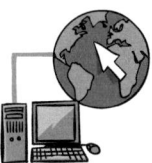

Internet

internet

Prenosnik

laptop

Pismo

letter

Sporočilo

message

Mobilnik

mobile

Omrežje

network

Kopirni stroj

photocopier

Programska oprema

software

Telefon

telephone

Vtičnica

plug socket

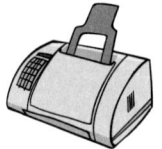

Telefaks

fax machine

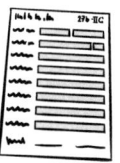

Obrazec

form

Dokument

document

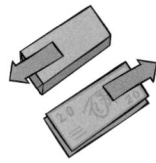

Kupiti

buy

Plačati

pay

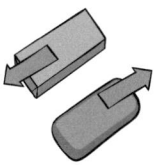

Trgovati

trade

Denar

money

Dolar

dollar

Evro

euro

Jen

yen

Rubelj

rouble

Švičarski frank

Swiss franc

Kitajski juan renminbi

renminbi yuan

Rupija

rupee

Bankomat

cashpoint

Menjalnica

bureau de change

Zlato

gold

Srebro

silver

Nafta

oil

Energija

energy

Cena

price

Pogodba

contract

Davek

tax

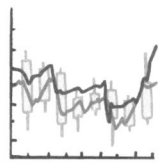

Delnice

stock

Delati

work

Delojemalec

employee

Delodajalec

employer

Tovarna

factory

Trgovina

shop

Poklici
occupations

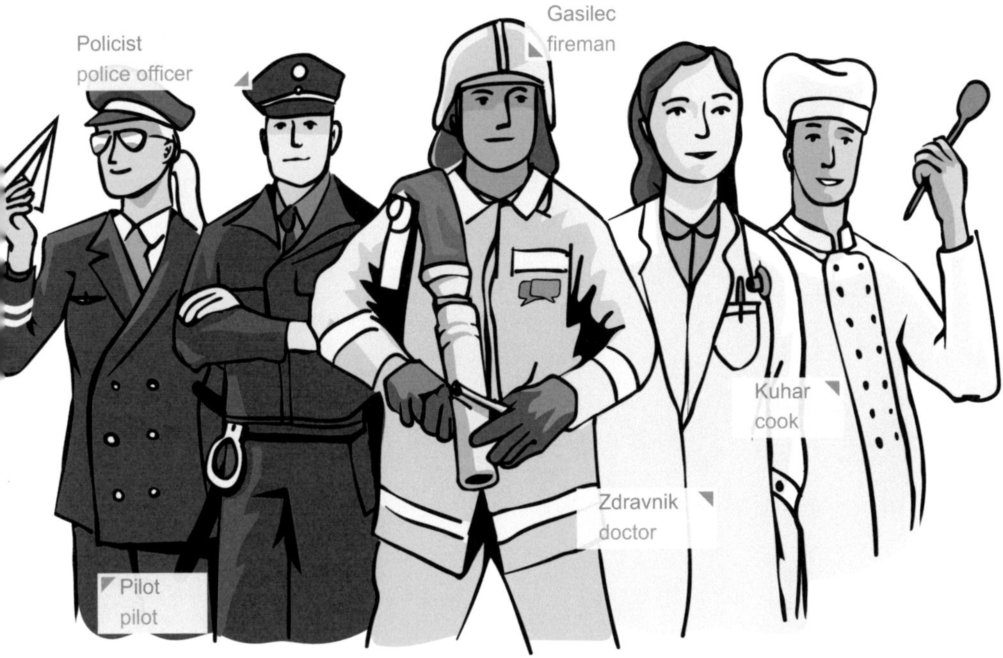

Gasilec
fireman
Policist
police officer
Kuhar
cook
Zdravnik
doctor
Pilot
pilot

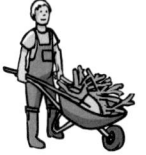

Vrtnar

gardener

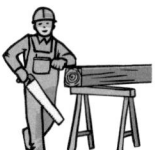

Mizar

carpenter

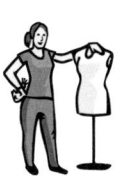

Šivilja

seamstress

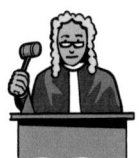

Sodnik

judge

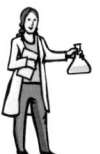

Kemik

chemist

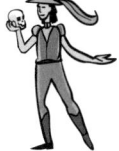

Igralec

actor

Voznik avtobusa

bus driver

Taksist

taxi driver

Ribič

fisherman

Čistilka

cleaning lady

Krovec

roofer

Natakar

waiter

Lovec

hunter

Pleskar

painter

Pek

baker

Električar

electrician

Gradbenik

builder

Inženir

engineer

Mesar

butcher

Vodovodni inštalater

plumber

Poštar

postman

Vojak

soldier

Arhitekt

architect

Blagajnik

cashier

Cvetličar

florist

Frizer

hairdresser

Sprevodnik

conductor

Mehanik

mechanic

Kapitan

captain

Zobozdravnik

dentist

Znanstvenik

scientist

Rabin

rabbi

Imam

imam

Menih

monk

Duhovnik

clergyman

Orodje

tools

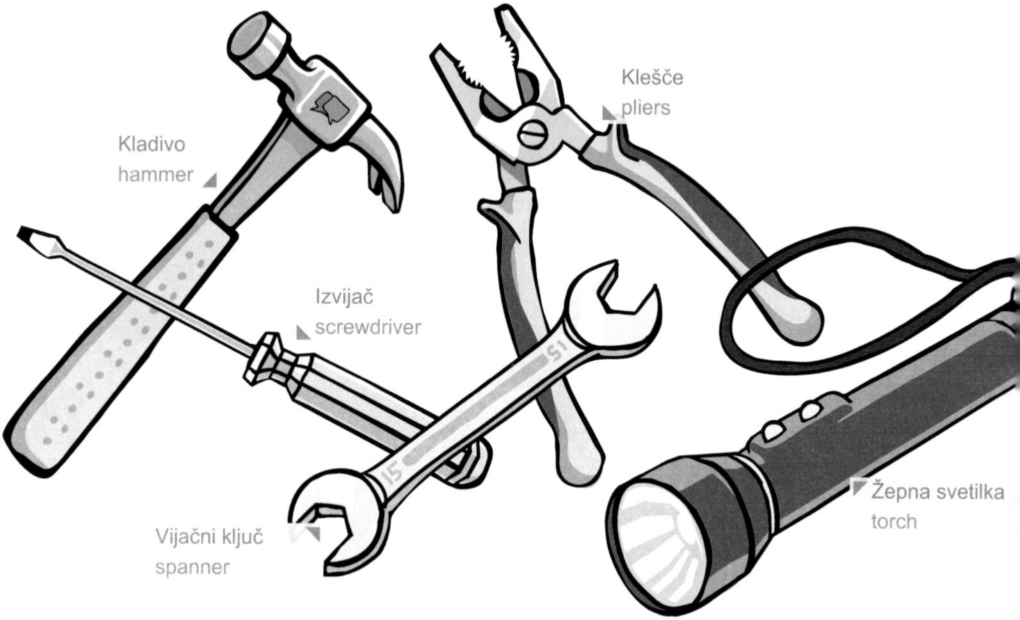
Kladivo
hammer
Klešče
pliers
Izvijač
screwdriver
Vijačni ključ
spanner
Žepna svetilka
torch

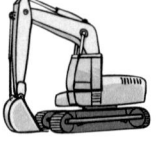

Bager

digger

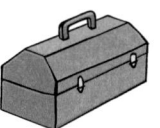

Zaboj z orodjem

toolbox

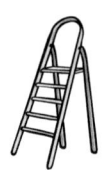

Lestev

ladder

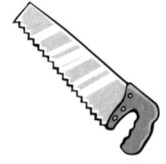

Žaga

saw

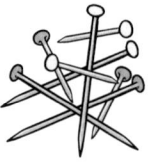

Žeblji

nails

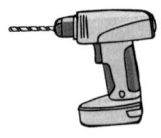

Vrtalnik

drill

Popraviti

repair

Lopata

shovel

Šment!

Damn!

Smetišnica

dustpan

Posoda z barvo

paint pot

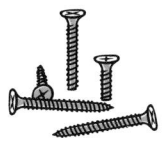

Vijaki

screws

Glasbeni instrument

musical instruments

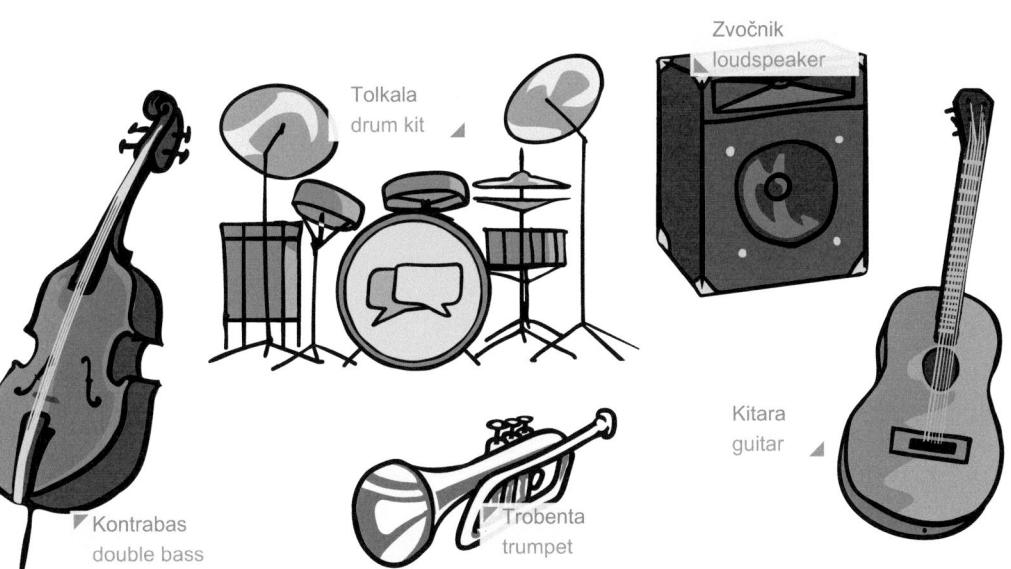

Zvočnik
loudspeaker

Tolkala
drum kit

Kitara
guitar

Kontrabas
double bass

Trobenta
trumpet

Klavir

piano

Violina

violin

Bas kitara

bass

Pavke

timpani

Bobni

drums

Sintetizator

keyboard

Saksofon

saxophone

Flavta

flute

Mikrofon

microphone

Živalski vrt

zoo

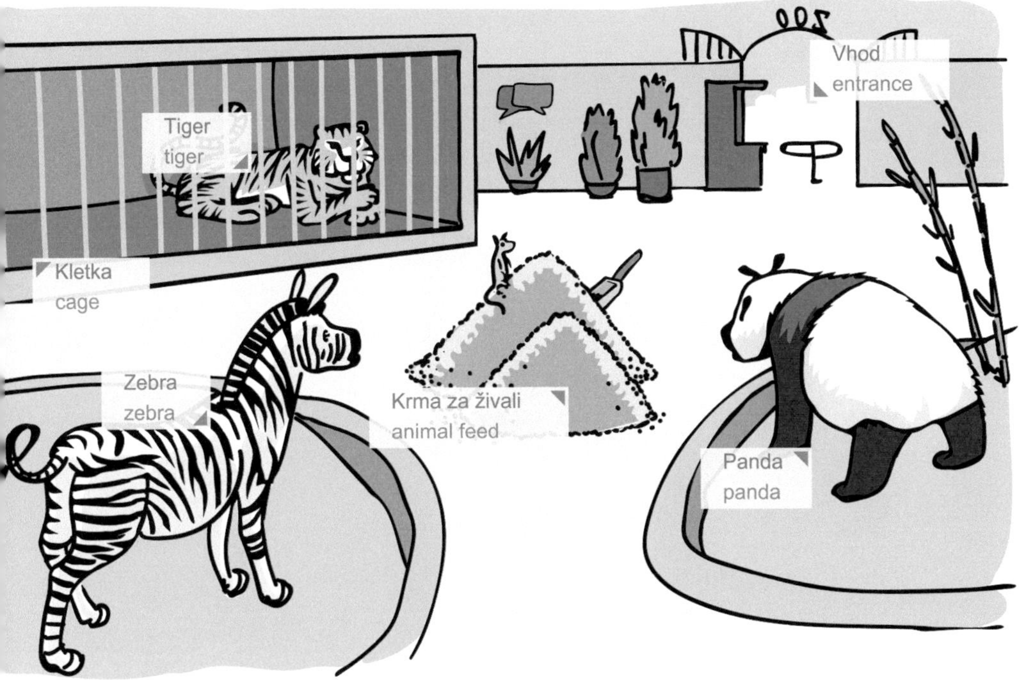
Tiger
tiger
Vhod
entrance
Kletka
cage
Zebra
zebra
Krma za živali
animal feed
Panda
panda

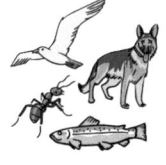

Živali

animals

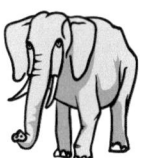

Slon

elephant

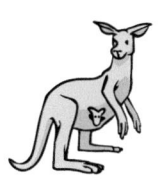

Kenguru

kangaroo

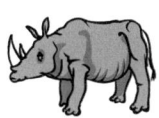

Nosorog

rhino

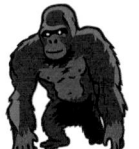

Gorila

gorilla

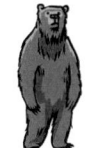

Medved

bear

Kamela

camel

Noj

ostrich

Lev

lion

Opica

monkey

Plamenec

flamingo

Papagaj

parrot

Severni medved

polar bear

Pingvin

penguin

Morski pes

shark

Pav

peacock

Kača

snake

Krokodil

crocodile

Oskrbnik v živalskem vrtu

zookeeper

Tjulenj

seal

Jaguar

jaguar

Živalski vrt - zoo

Poni

pony

Leopard

leopard

Povodni konj

hippo

Žirafa

giraffe

Orel

eagle

Divji prašič

boar

Riba

fish

Želva

turtle

Mrož

walrus

Lisica

fox

Gazela

gazelle

Ameriški nogomet
American football

Kolesarjenje
cycling

Tenis
tennis

Košarka
basketball

Plavanje
swimming

Boks
boxing

Hokej
ice hockey

Nogomet

football

Badminton

badminton

Atletika

athletics

Rokomet

handball

Smučanje

skiing

Polo

polo

Dejavnosti
activities

Smejati se
laugh
Skočiti
jump
Objeti
hug
Hoditi
walk
Peti
sing
Sanjati
dream
Moliti
pray
Poljubiti
kiss

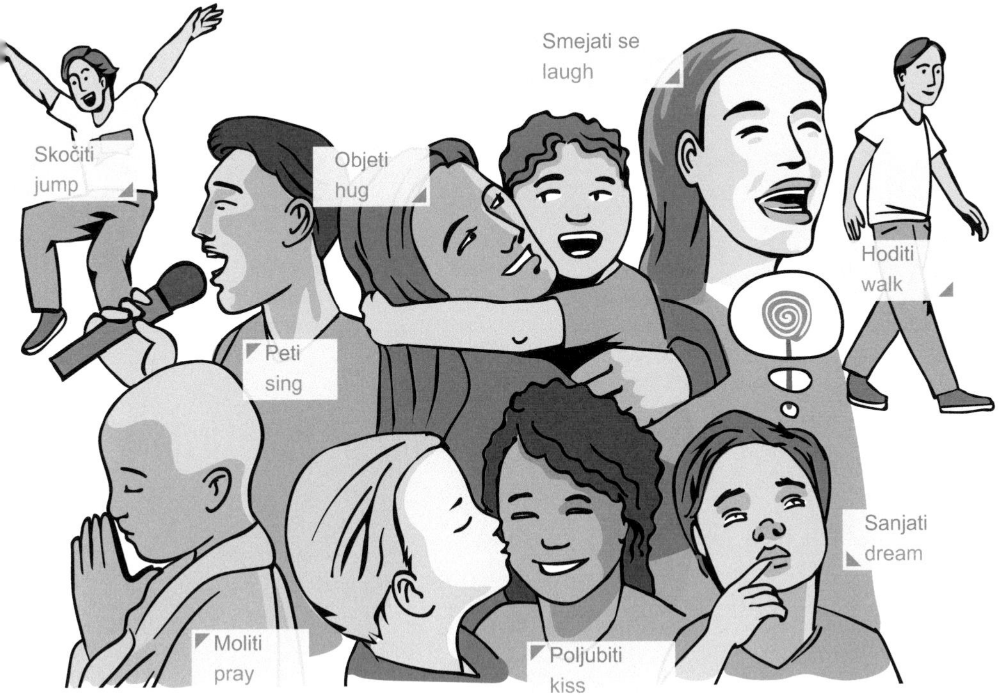

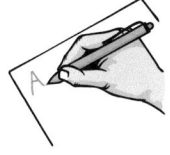

Pisati

write

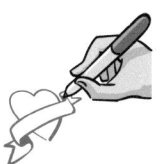

Risati

draw

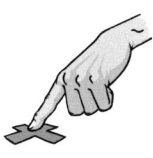

Pokazati

show

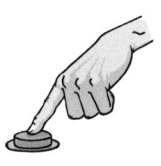

Potisniti

push

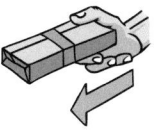

Dati

give

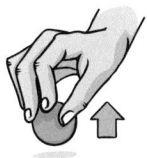

Vzeti

take

Imeti

have

Narediti

do

Biti

be

Stati

stand

Teči

run

Vleči

pull

Vreči

throw

Pasti

fall

Ležati

lie

Čakati

wait

Nositi

carry

Sedeti

sit

Obleči se

get dressed

Spati

sleep

Zbuditi se

wake up

Gledati

look at

Jokati

cry

Božati

stroke

Česati se

comb

Govoriti

talk

Razumeti

understand

Vprašati

ask

Poslušati

listen

Piti

drink

Jesti

eat

Pospraviti

tidy up

Ljubiti

love

Kuhati

cook

Voziti

drive

Leteti

fly

Jadrati

sail

Računanje

calculate

Brati

read

Učiti se

learn

Delati

work

Poročiti se

marry

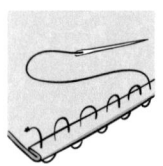

Šivati

sew

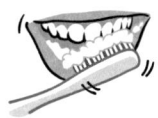

Ščetkati si zobe

brush teeth

Ubiti

kill

Kaditi

smoke

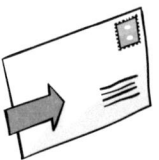

Poslati

send

Družina

family

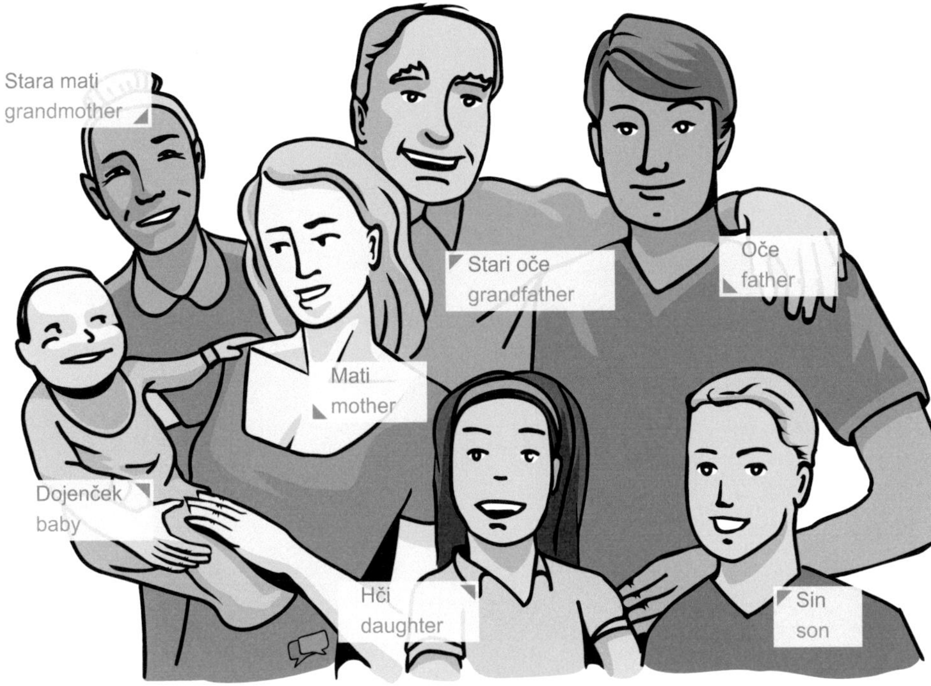

Stara mati
grandmother
Stari oče
grandfather
Oče
father
Mati
mother
Dojenček
baby
Hči
daughter
Sin
son

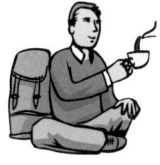

Gost

guest

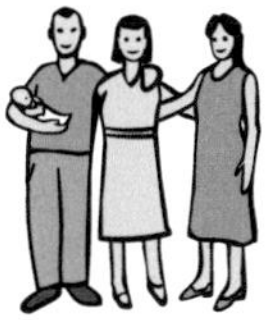

Teta

aunt

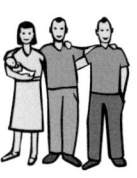

Stric

uncle

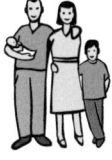

Brat

brother

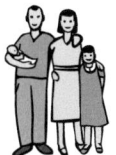

Sestra

sister

Telo

body

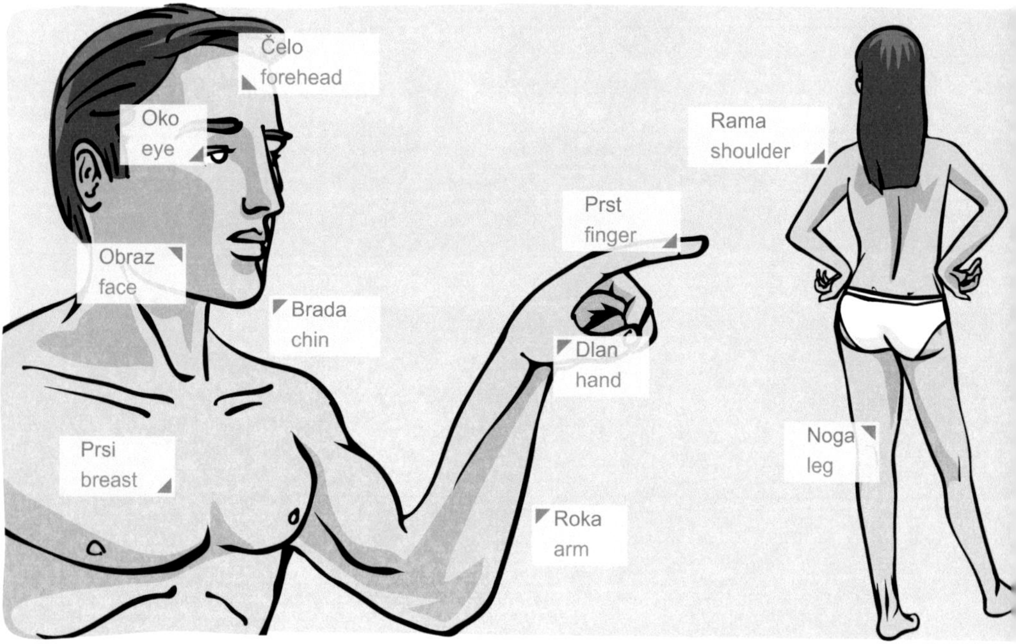

Čelo
forehead

Oko
eye

Obraz
face

Brada
chin

Prsi
breast

Rama
shoulder

Prst
finger

Dlan
hand

Roka
arm

Noga
leg

Dojenček

baby

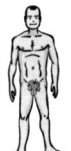

Človek

man

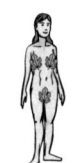

Ženska

woman

Dekle

girl

Fant

boy

Glava

head

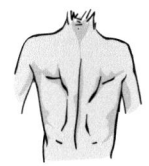

Hrbet

back

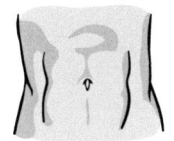

Trebuh

belly

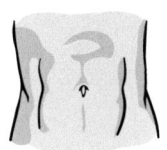

Popek

belly button

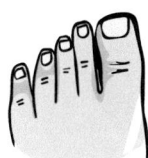

Prst na nogi

toe

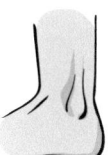

Peta

heel

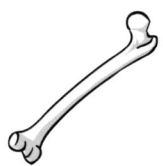

Kost

bone

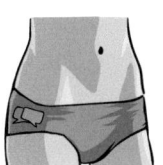

Kolk

hip

Koleno

knee

Komolec

elbow

Nos

nose

Zadnjica

bottom

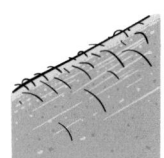

Koža

skin

Lice

cheek

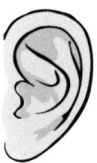

Uho

ear

Ustnica

lip

Usta

mouth

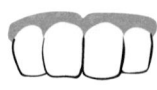

Zob

tooth

Jezik

tongue

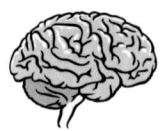

Možgani

brain

Srce

heart

Mišica

muscle

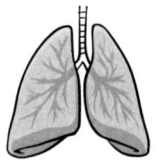

Pljuča

lung

Jetra

liver

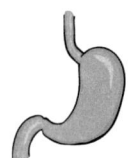

Želodec

stomach

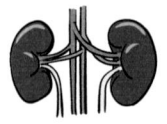

Ledvice

kidneys

Spolni odnos

sex

Kondom

condom

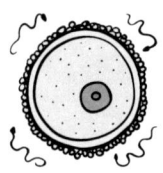

Jajčece

ovum

Semenska tekočina

semen

Nosečnost

pregnancy

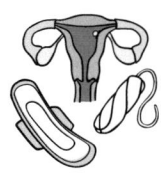

Menstruacija

menstruation

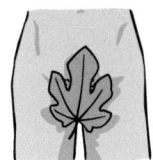

Vagina

vagina

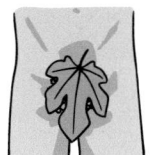

Penis

penis

Obrv

eyebrow

Lasje

hair

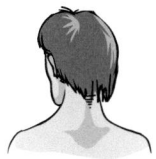

Vrat

neck

Bolnišnica
hospital

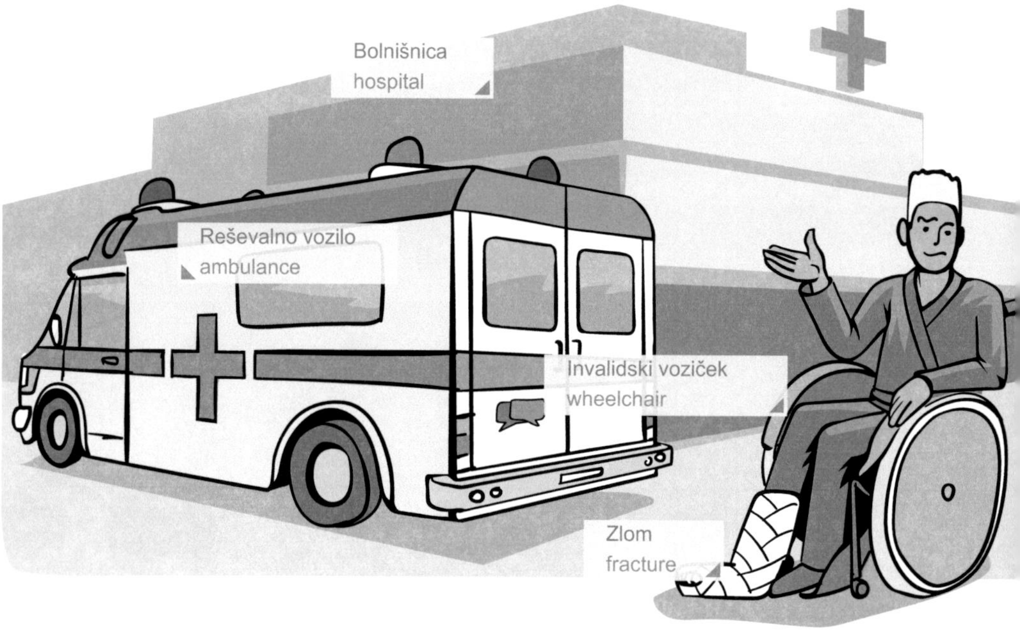

Bolnišnica
hospital
Reševalno vozilo
ambulance
Invalidski voziček
wheelchair
Zlom
fracture

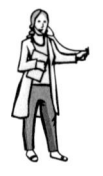

Zdravnik

doctor

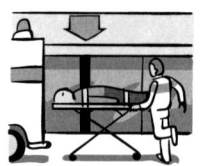

Urgenca

emergency room

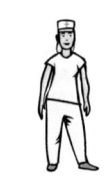

Medicinska sestra

nurse

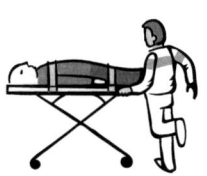

Nujni primer

emergency

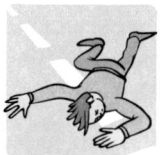

Nezavesten

unconscious

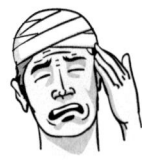

Bolečina

pain

Poškodba

injury

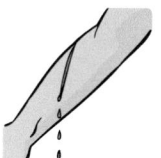

Krvavenje

bleeding

Srčni infarkt

heart attack

Kap

stroke

Alergija

allergy

Kašelj

cough

Vročina

fever

Gripa

flu

Driska

diarrhoea

Glavobol

headache

Rak

cancer

Sladkorna bolezen

diabetes

Kirurg

surgeon

Skalpel

scalpel

Operacija

operation

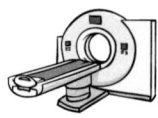

CT

CT

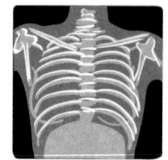

Rentgen

x-ray

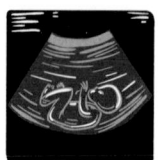

Ultrazvok

ultrasound

Obrazna maska

face mask

Bolezen

disease

Čakalnica

waiting room

Bergla

crutch

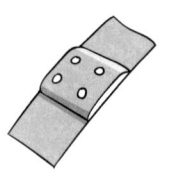

Obliž

plaster

Preveza

bandage

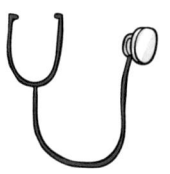

Injekcija

injection

Stetoskop

stethoscope

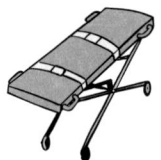

Nosila

stretcher

Klinični termometer

clinical thermometer

Porod

birth

Prekomerna teža

overweight

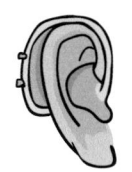

Slušni pripomoček

hearing aid

Razkužilo

disinfectant

Okužba

infection

Virus

virus

HIV / AIDS

HIV / AIDS

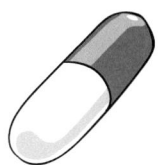

Medicina

medicine

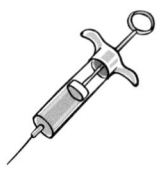

Cepljenje

vaccination

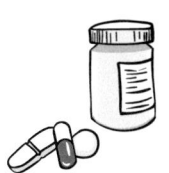

Tablete

tablets

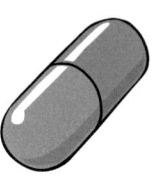

Tableta

pill

Klic v sili

emergency call

Merilnik krvnega tlaka

blood pressure monitor

bolano / zdravo

ill / healthy

Na pomoč!

Help!

Alarm

alarm

Napad

assault

Napad

attack

Nevarnost

danger

Izhod v sili

emergency exit

Gori!

Fire!

Gasilni aparat

fire extinguisher

Nezgoda

accident

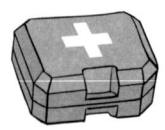

Komplet za prvo pomoč

first-aid kit

SOS

SOS

Policija

police

Evropa

Europe

Severna Amerika

North America

Južna Amerika

South America

Afrika

Africa

Azija

Asia

Avstralija

Australia

Atlantski ocean

Atlantic

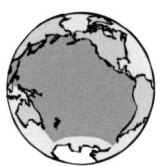

Tihi ocean

Pacific

Indijski ocean

Indian Ocean

Južni ocean

Antarctic Ocean

Arktični ocean

Arctic Ocean

Severni tečaj

North Pole

Južni tečaj

South Pole

Antarktika

Antarctica

Zemlja

Earth

Kopno

land

Morje

sea

Otok

island

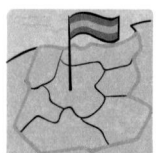

Narod

nation

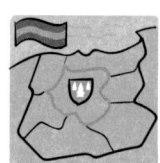

Država

state

Številčnica

clock face

Urni kazalec

hour hand

Minutni kazalec

minute hand

Sekundni kazalec

second hand

Koliko je ura?

What time is it?

Dan

day

Čas

time

Zdaj

now

Digitalna ura

digital watch

Minuta

minute

Ura

hour

Teden
week

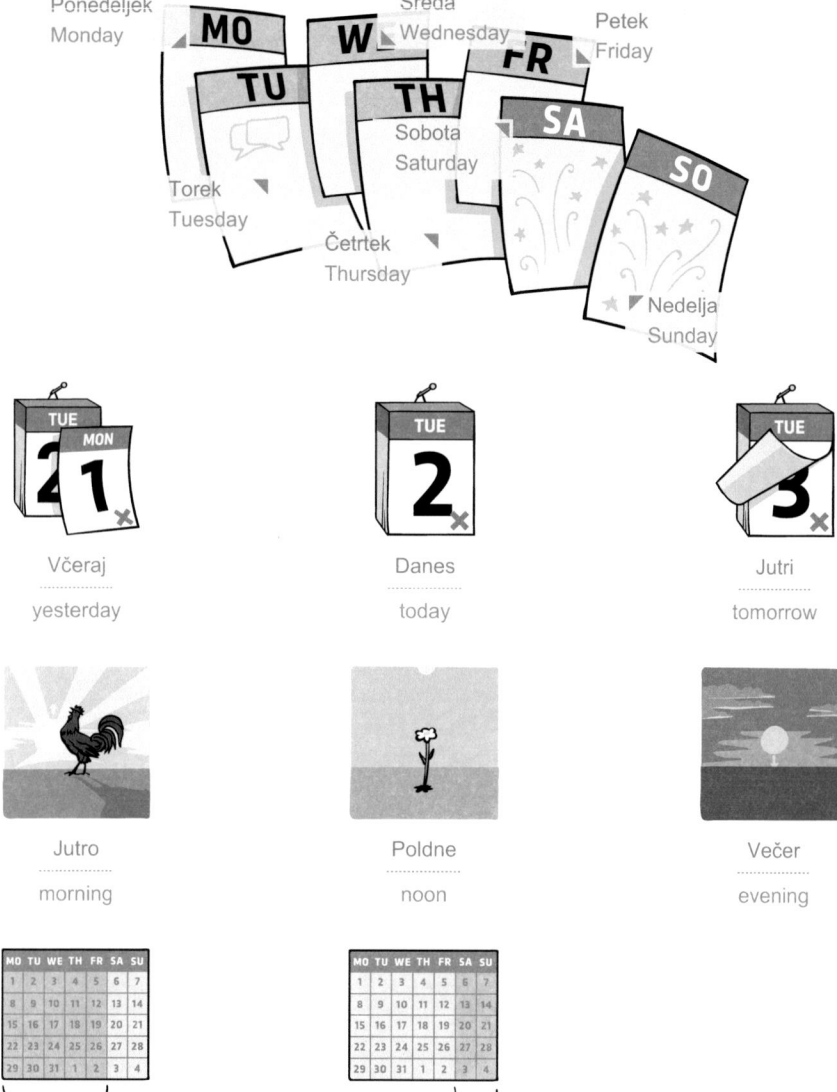

Ponedeljek
Monday

Torek
Tuesday

Sreda
Wednesday

Četrtek
Thursday

Petek
Friday

Sobota
Saturday

Nedelja
Sunday

Včeraj
yesterday

Danes
today

Jutri
tomorrow

Jutro
morning

Poldne
noon

Večer
evening

Delovni dnevi
business days

Konec tedna
weekend

Dež
rain

Mavrica
rainbow

Sneg
snow

Veter
wind

Pomlad
spring

Jesen
autumn

Poletje
summer

Zima
winter

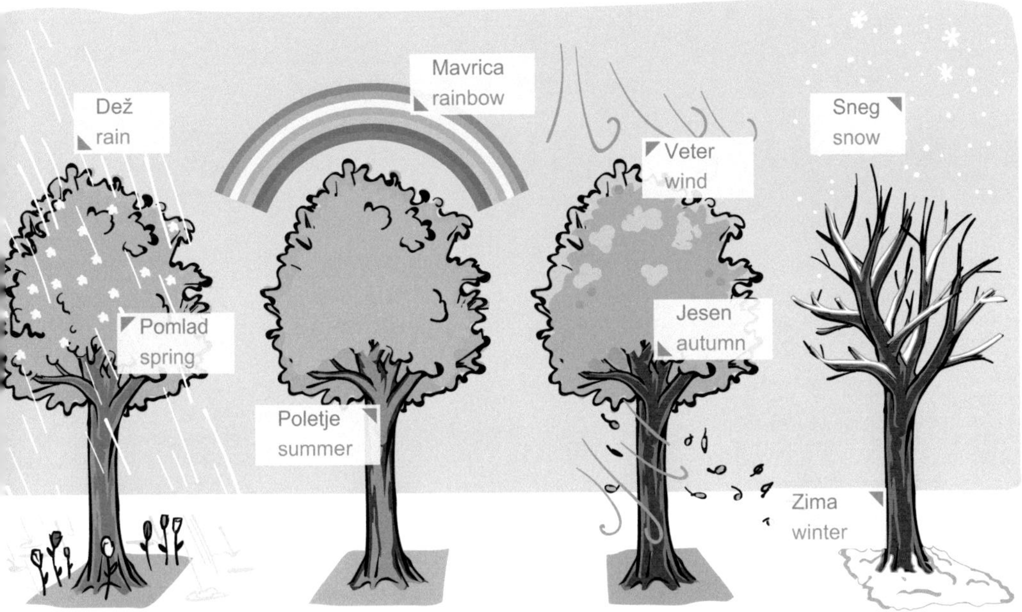

Vremenska napoved

weather forecast

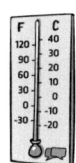

Termometer

thermometer

Sončna svetloba

sunshine

Oblak

cloud

Megla

fog

Vlažnost

humidity

Strela

lightning

Grom

thunder

Nevihta

storm

Toča

hail

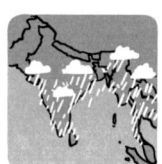

Monsun

monsoon

Poplava

flood

Led

ice

Januar

January

Februar

February

Marec

March

April

April

Maj

May

Junij

June

Julij

July

Avgust

August

September

September

Oktober

October

November

November

December

December

Oblike
shapes

Krogla

circle

Kvadrat

square

Pravokotnik

rectangle

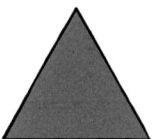

Trikotnik

triangle

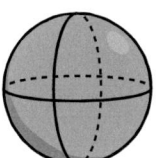

Krogla

sphere

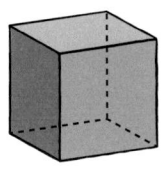

Kocka

cube

Bela

white

Rumena

yellow

Oranžna

orange

Rožnata

pink

Rdeča

red

Vijolična

purple

Modra

blue

Zelena

green

Rjava

brown

Siva

grey

Črna

black

veliko / malo

a lot / a little

jezno / umirjeno

angry / calm

lepo / grdo

beautiful / ugly

začetek / konec

beginning / end

veliko / majhno

big / small

svetlo / temno

bright / dark

brat / sestra

brother / sister

čisto / umazano

clean / dirty

popolno / nepopolno

complete / incomplete

dan / noč

day / night

mrtvo / živo

dead / alive

široko / ozko

wide / narrow

užitno / neužitno

edible / inedible

zlobno / prijazno

evil / kind

vznemirjeno / zdolgočaseno

excited / bored

debelo / vitko

fat / thin

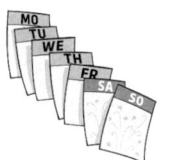

prvo / zadnje

first / last

prijatelj / sovražnik

friend / enemy

polno / prazno

full / empty

trdo / mehko

hard / soft

težko / lahko

heavy / light

lakota / žeja

hunger / thirst

bolano / zdravo

ill / healthy

nezakonito / zakonito

illegal / legal

pametno / neumno

intelligent / stupid

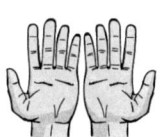

levo / desno

left / right

blizu / daleč

near / far

novo / rabljeno

new / used

nič / nekaj

nothing / something

staro / mlado

old / young

vklopljeno / izklopljeno

on / off

odprto / zaprto

open / closed

tiho / glasno

quiet / loud

bogato / revno

rich / poor

prav / narobe

right / wrong

grobo / gladko

rough / smooth

žalostno / veselo

sad / happy

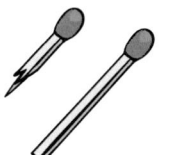

kratko / dolgo

short / long

počasi / hitro

slow / fast

mokro / suho

wet / dry

toplo / hladno

warm / cool

vojna / mir

war / peace

0

Ničla

zero

1

Ena

one

2

Dva

two

3

Tri

three

4

Štiri

four

5

Pet

five

6

Šest

six

7

Sedem

seven

8

Osem

eight

9

Devet

nine

10

Deset

ten

11

Enajst

eleven

12

Dvanajst

twelve

13

Trinajst

thirteen

14

Štirinajst

fourteen

15

Petnajst

fifteen

16

Šestnajst

sixteen

17

Sedemnajst

seventeen

18

Osemnajst

eighteen

19

Devetnajst

nineteen

20

Dvajset

twenty

100

Sto

hundred

1.000

Tisoč

thousand

1.000.000

Milijon

million

Angleščina

English

Ameriška angleščina

American English

Mandarinščina

Chinese Mandarin

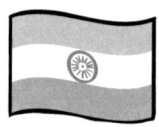

Hindujščina

Hindi

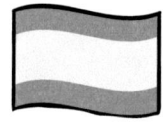

Španščina

Spanish

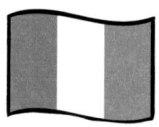

Francoščina

French

Arabščina

Arabic

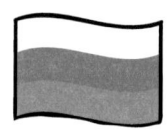

Ruščina

Russian

Portugalščina

Portuguese

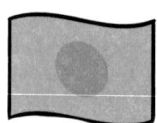

Bengalščina

Bengali

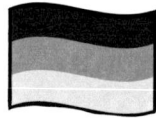

Nemščina

German

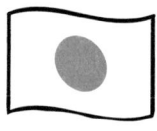

Japonščina

Japanese

Jaz

I

Ti

you

On / ona / tisto

he / she / it

Mi

we

Vi

you

Oni

they

Kdo?

who?

Kaj?

what?

Kako?

how?

Kje?

where?

Kdaj?

when?

Ime

name

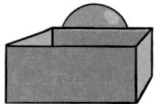

Zadaj

behind

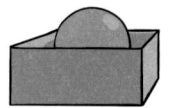

V

in

Pred

in front of

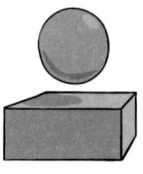

Nad

over

Na

on

Pod

under

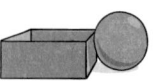

Poleg

beside

Med

between

Kraj

place